BEI GRIN MACHT SICH IHR
WISSEN BEZAHLT

Bibliografische Information der Deutschen Nationalbibliothek:

Die Deutsche Bibliothek verzeichnet diese Publikation in der Deutschen National-bibliografie; detaillierte bibliografische Daten sind im Internet über http://dnb.d-nb.de/ abrufbar.

Impressum:

Copyright © 2018 GRIN Verlag
Druck und Bindung: Books on Demand GmbH, Norderstedt Germany
ISBN: 9783668846333

Dieses Buch bei GRIN:

https://www.grin.com/document/450059

Omer Ramovic

Global Player und der Einfluss auf die Sozialstruktur in wachsenden Städten

GRIN Verlag

GRIN - Your knowledge has value

Der GRIN Verlag publiziert seit 1998 wissenschaftliche Arbeiten von Studenten, Hochschullehrern und anderen Akademikern als eBook und gedrucktes Buch. Die Verlagswebsite www.grin.com ist die ideale Plattform zur Veröffentlichung von Hausarbeiten, Abschlussarbeiten, wissenschaftlichen Aufsätzen, Dissertationen und Fachbüchern.

Besuchen Sie uns im Internet:

http://www.grin.com/

http://www.facebook.com/grincom

http://www.twitter.com/grin_com

TU Darmstadt

Institut für Soziologie

Seminar: Sozialstrukturanalyse II

Sommersemester 2018

Global Player und der Einfluss auf die Sozialstruktur in wachsenden Städten

Eingereicht von:

Omer Ramovic

J.B.A Soziologie/Sportwissenschaft

Inhaltsverzeichnis

0. Einleitung

Das Thema dieser Hausarbeit bezieht sich auf die Fragestellung: *Welche demografischen und wirtschaftlichen Auswirkungen haben Global Player auf wachsende Städte und wer sind die Gewinner und Verlierer.*

Dabei werden Vergleiche aus verschiedenen Städten hinzugezogen, um folglich Tendenzen aufzuzeigen, welche offensichtlichen Vorteile es (zumindest für einen elitären Kreis) mit sich bringt und wer als Verlierer hervorgeht. San Francisco wird hierbei als Beispielstadt dienen, da sie bereits im Einfluss der Gentrifizierung steht. Im nächsten Schritt übertrage ich den Wandel auf die deutsche Stadt Wolfsburg, da ich dort aufgewachsen, eine Befragung durchgeführt habe und selbst aktuell viele Veränderungen wahrnehme. Die Schattenseiten einer boomenden Stadt sind dabei nicht nur monetär messbar, sondern haben langfristig soziale Auswirkungen auf das gesellschaftliche Gefüge wie z.B. Arm und Reich.

1. Definition

1.1 Wohlstand

Der Wohlstand ist in der aktuellen Zeit ein häufiges Gesprächsthema, ob in den Medien oder im eigenen Freundschaftskreis, präsent ist es allemal. Doch was versteht man unter diesem Begriff? Und wie kann man es bemessen?

Unter Wohlstand verstehe man den sozioökonomischen Status der laut einigen Autoren, wie z.B. Adams et al. als Indikator für das ökonomische Wohlergehen eines Individuums stehen soll.[1] Nicht selten wird damit das eigene Einkommen oder auf die ganze Gesellschaft bezogen das Bruttoinlandsprodukt (BIP) gemeint, welches als objektives Messinstrument und Indikator für den Wohlbericht einer Nation genutzt wird. Dieser berichtet über alle wirtschaftlichen Abwicklungen, wie z.B. Güter und Dienste auf dem Markt, die innerhalb eines bestimmten Zeitraums getätigt worden sind. Die Zahlen werden dann auf einer zweidimensionalen Zeitachse mit einem Kurvendiagramm illustriert[2]

Neben dem objektiven ökonomischen Indikator (BIP), der sich grundsätzliche auf die monetären Ressourcen beschränkt, gibt es auch die nicht materiellen Wohlstandsformen.

---

[1] vgl. Adams et al. 2003
[2] vgl. Schulte/Butzmann 2004

Diese werden anhand subjektiver Einschätzungen durch empirische Befragungen ermittelt und spielen auch eine wichtige Rolle in der Lebensqualitätsforschung. Denn selbst der Entwickler des Bruttoinlandsproduktes Kuznets (1934) sei der Meinung, dass der Wohlstand nicht allein durch monetäre Ressourcen erklärt werden kann.[3] Dennoch soll in den folgenden Schritten der objektive Wohlstandindikator als Referenz dienen, um die Aussagen meiner eigenen Befragung besser gewichten zu können, da es den gesamtgesellschaftlichen Wohlstand besser repräsentiert.

1.2 Gentrifizierung

Geprägt wurde diese Bezeichnung von der Soziologin Ruth Glass, die in den 1960er Jahren die Entwicklung Londons in Hinsicht der Bewohnerschaft analysierte.[4] Der Terminus „Gentrifizierung/Gentrification" leitet sich vom englischen Ausdruck „gentry" ab, welches die gesellschaftliche Oberschicht beschreibt. Nach dem Deutschen Institut für Urbanistik (2011) wird *„der Wechsel von einer statusniedrigeren zu einer statushöheren (finanzkräftigeren) Bewohnerschaft, der oft mit einer baulichen Aufwertung, Veränderung der Eigentümerstruktur und steigenden Mietpreisen einhergeht"* gemeint.[5] Demzufolge bilden sich allgemeine Auswirkungen auf die Sozialstruktur aus, die nicht nur für erhöhte Miet- und Bodenpreise sorgen, sondern auch für Verdrängungseffekte von Personengruppen, der gesellschaftlich unqualifizierten unteren Schicht. Diese soziale Verdrängung/ Ausdifferenzierung von statusniedrigeren Bewohnern lässt sich auf den Wandel des lokalen Arbeitsmarktes, der sich zum Beispiel durch technologischen Fortschritt kennzeichnen lässt, zurückschließen. Denn dadurch erhöht sich die Zuwanderung von qualifizierten Arbeitskräften aus der oberen Mittelschicht, welches zu einem Abbau von niedrigqualifizierten Arbeitsplätzen im sekundären und tertiären Sektor führt.[6] Nun stellt sich die Frage in wie weit eine Gentrifizierung innerhalb einer wachsenden Stadt durch sogenannte Global Player/Große Unternehmen beeinflusst wird?

---

[3] vgl. Kratz et al. 2013
[4] vgl. Glass,1964
[5] Difu-Bericht 2011, Was ist eigentlich Gentrifizierung?: difu.de/7899
[6] vgl. Spellerberg, 2004

1.3 Global Player

Nach Mückenberger wird der Ausdruck wie folgt definiert: *„Global Player meint dabei weltweit operierende Unternehmen, vornehmlich der Automobilbranche, (…) die sich um die Arbeits- und Lebensqualität dieses Territoriums bemühen und/oder an ihr interessiert sind."*[7] Dementsprechend versteht man das Global Player Großunternehmen sind, die über die eigenen Staatsgrenzen hinweg agieren und wirtschaftlich über ihre eigenen Strukturen und Unternehmensstandpunkte aktiv sind. Des Weiteren liegt die Verbindung zwischen Großunternehmen und der Globalisierung sehr nahe. Denn durch die ganzen interaktiven Prozesse auf der Weltbühne wird die Globalisierung vorangetrieben und deshalb spricht man auch von dem Global Player, der sich aus der Globalisierungsthematik heraus als Begleitphänomen etabliert hat.[8]

1.4 Armut

Das Leben in Armut ist ein Thema, worüber häufig in den Medien berichtet wird. In den häufigsten Fällen handeln diese Berichte über die Armut, die in Afrika herrscht oder irgendwo anders außerhalb Europas. Die absolute Armut in Afrika hat aber nichts mit der Situation in Industriestaaten wie Deutschland zu tun, denn durch das gut ausgebaute Sozialsystem Deutschlands, ist diese Form überhaupt nicht vorstellbar. In der Bundesrepublik herrschen also andere Armutsverhältnisse, die man auch als relative Armut bezeichnet. Relative Armut wird laut Lexikon als „ein Vergleich zur Lebenssituation anderer Gesellschaftsmitglieder", definiert. Bei diesem Vergleich dient als Messinstrument das Einkommen aller Haushalte. Dabei wird ein Median errechnet, um die gesellschaftliche Mitte im Bezug des Einkommens darzustellen. Hat ein Haushalt weniger als 60% des durchschnittlichen Medianeinkommens wird cs als arm definiert.[9]

---

[7] Mückenberger 2002, S.7
[8] vgl. Globalisierung Fakten: https://www.globalisierung-fakten.de/globalisierung-informationen/gruende/unternehmen-global-player/
[9] vgl. Lexikon: https://www.wissen.de/lexikon/armut

2. Raum- und Stadtsoziologie

Die beiden Begriffe sind seit der Gründung der Soziologie ab Beginn des 20. Jahrhunderts vertreten. Sie befassen sich mit gesellschaftlichen Strukturen, die insbesondere in Wechselwirkung des Raumes stehen, in dem sich die Gesellschaft befindet. Im Laufe der Industrialisierung fingen diese soziologischen Themenfelder immer mehr an Relevanz zu gewinnen. Denn durch den Wandel der Arbeitswelt, die sich während der industriellen Revolution von Land- zu Fabrikarbeit veränderte, kam es zu einem rapiden Bevölkerungszuwachs, in Städten in denen Fabriken präsent waren. Daraus resultierten verschiedene Ansätze und die Versuchung der Stadtsoziologie Raumtheorien zu entwickeln, die für die Auswertung solcher Phänomene, wie der Neubesiedlung von Städten, brauchbar zu machen.[10]

2.1 Stadt – soziologische Perspektive

In welcher Hinsicht ist die Stadt ein interessantes Forschungsgebiet für die Soziologie?
Bekannte Vertreter, die sich mit der Stadtsoziologie befasst sind zum einen Georg Simmel und Max Weber. Erste Ansätze und Theorien über die Kultur einer Stadt lieferte Simmel mit seinem Aufsatz „Die Großstädte und das Geistesleben" (1903). In diesem Aufsatz beschreibt Simmel die Wirkung des Lebens in einer Stadt auf die kulturelle Entwicklung der Gesellschaft. Weber hingegen befasste sich überwiegend mit ökonomischen Aspekten, die sich mit der Stadt beschäftigten. In seinen beiden Aufsätzen „Die Stadt" (1920) und „Wirtschaft und Gesellschaft" (1922) beschreibe er die Eigenschaft einer Stadt als ein Ort des Handelns und wirtschaftlichen Entwicklung.[11]

2.2 Entwicklung von städtischer Armut

Armut in modernen und wohlhabenden Städten ist keine Seltenheit. In allen Ländern Europas ist das Phänomen der Armut mehr oder weniger ein allgegenwärtiges Problem.[12] Nach dem Beginn der Weltwirtschaftskrise in den 1970er Jahren begann die Globalisierung im exponentiellen Maße weiter fortzuschreiten und zugleich bewirkte es einen Arbeitsplatzbau in industriegeprägten Städten.

---

[10] vgl. Löw 2008
[11] vgl. Müller 2011
[12] vgl. Hübinger 1996

Einerseits liegt die Ursache für den Abbau von Arbeitsplätzen, dem Anstieg von Armut und Arbeitslosigkeit am Austausch menschlicher Arbeitskraft durch Maschinenarbeit und zum anderen am allgemeinen Wandel des Arbeitsmarktes, wie bsw. durch zunehmende Anforderungen und Effizienzdruck, Verlagerung der Arbeit und die „Peripherisierung" in andere kostengünstigere Regionen.[13]

Eine kostengünstigere Alternative für eine Verlagerung des Produktionsstandorts ist z.B. China. Das Land galt lange als die „Fabrik der Welt", doch mittlerweile sind chinesische Unternehmen selbst an den globalen Technologieentwicklungen beteiligt. Des Weiteren stand neben dem Abbau der westlichen Industriearbeitsplätze ein immenser Arbeitsplatzzuwachs in Schwellen- und Entwicklungsländer gegenüber. Weltweit konnte dadurch die Armutsquote von 42 auf 10,7% verringert werden. Allerdings ist Armut und Wohlstand sowohl zwischen den verschiedenen Weltregionen, als auch innerhalb einzelner Länder und Städten sehr ungleich verteilt.[14]

3. Historie & Stadtentwicklung von San Francisco

Die Stadt hat seinen Ursprung in der spanischen Kolonialzeit und entsprang aus der Franziskanermission „Dolores" im Jahre 1776. Erste größere Siedlungen wie „Yerba Buena" genannt, bildete sich in der Nähe der Mission 1835. Als die spanischen Kolonien aus Amerika sich zurückzogen, hat sich vorerst die Verantwortung dieser Region auf das mexikanische und später dann (1848) auf das amerikanische Kalifornien übertragen (Beitritt Union 1850). Von dort an hat sich der Name San Francisco etabliert.[15]

Erste große Wachstumsphasen hat die junge Siedlung bereits im Jahre 1848. Die Siedlung wurde von Goldgräbern als Ziel und Standpunkt ausgewählt um dort ihre Goldsuchaktivtäten auszutragen. Diese Ära wird auch als „Goldrausch" bezeichnet und sorgte für eine massive Einwanderung aus Irland, Deutschland, Skandinavien und Osteuropa. Auslöser dieser Migration ist das potentielle Gold (Pull-Faktor) und Hungersnöte in Irland, sowie die wirtschaftlichen und politischen Krisen in Deutschland (Push-Faktor). Resultat dieser

---

[13] vgl. Leibfried/Voges 1992
[14] vgl. Popp 2014
[15] vgl. Johnson 1966

enormen Einwanderung war das die ehemalige kleine Siedlung, 1850 offiziell als Stadt anerkannt wurde.[16]

Nach Anerkennung zur Stadt steigerte sich die Einwanderung weiter, insbesondere aus China. Zu dieser Zeit erzeugte man mit dem Erbau einer Bahnverbindung nach Chicago und der verbesserten Infrastruktur zu einem erneuten Wachstumsschub (1869). Weitere Expansionen der Stadt setzten durch die Erweiterung des Hafens und dem Wachstum des Finanzsektors ein, sodass bereits in kürzester Zeit sich San Francisco als ein zentraler Standort für Banken, Versicherungen und den Warenhandel herausbildete und sich zu einer der wirtschaftlich stärksten Regionen Amerikas entwickelte.[17]

Alles in allem breitete sich die Stadt wirtschaftlich und räumlich, aufgrund von weiterer Zuwanderung, stetig aus. Immer mehr Migranten fanden ihren Weg nach San Francisco. Neben der infrastrukturellen Erweiterung, wie dem Bau der Golden Gate Bridge, hat sich San Francisco nach dem Zweiten Weltkrieg zu einem Standort von Hochtechnologie-Industrien, wie Raumfahrt, Computer und Mikroelektronik weiterentwickelt.[18] Dadurch verschafften sich die Global Player ihren Weg in die Stadt.

3.1 Global Player – Einfluss auf den Wohnungsmarkt

Für die Leitfrage dieser Hausarbeit eignet sich San Francisco als Fallbeispiel sehr gut. Denn in der Umgebung des Silicon Valleys haben viele Global Player, wie Facebook, Google, Apple, Twitter etc. ihren Hauptsitz gegründet. Die Wachstumsrate der Stadt scheint keine Grenzen zu haben, was auf den ersten Blick für den allgemeinen Wohlstand einer Gesellschaft ohne Zweifel wichtig ist, könne gleichzeitig prekäre Lebensbedingungen für diejenigen sorgen, die nicht Teil dieser Entwicklung sind.

Im Allgemeinen nimmt die Kluft zwischen Arm und Reich in der US-Gesellschaft immer weiter zu. Insbesondere in San Francisco erkennt man die Ausprägung einer Zweiklassengesellschaft im stärkeren Ausmaß. Immer mehr Menschen lockt es in die Region, aber gleichzeitig steigt auch die Auswanderungsrate. Zu den Einwanderern zählen

---

[16] vgl. Chase et al. 1976
[17] vgl. Blume 1988
[18] vgl. Godfrey, 1997

Softwareentwickler, Designer, Ingenieure etc., die jährlich von allen Regionen der Welt in die Metropole ziehen. Mit überdurchschnittlichen Gehältern, bis zu 150.000 Dollar im Jahr und aufwärts, kann man mit diesen spezifischen Qualifikationen verdienen.

Die Vorteile durch die Präsenz der Global Player sind die gutbezahlten Stellen, der allgemeine Wohlstand und der Anstieg der durchschnittlichen Kaufkraft der Einwohner. Nachteil – die Reaktion des Marktes auf Besserverdiener lässt die Lebenserhaltungskosten ansteigen. Beobachten kann man das gut an den steigenden Mietpreisen von Immobilien. Es kommt zu utopischen Preisen selbst für einfache Drei-Zimmer-Wohnungen, die nicht selten für bis zu 7.000 Dollar monatlich angeboten werden. Solche Preise können Fachkräfte der Technologiebranche verkraften, aber für andere, die nicht Teil dieser Branche sind, bedeutet es meistens das Verlassen der Stadt. Schätzungsweise verlassen zwischen 5.000 bis 20.000 Bewohner jährlich aufgrund der steigenden Mietpreise die Region und das oftmals unfreiwillig. Viele Mieter werden aus ihrer Wohnung geklagt, weil sie sich die Miete nicht mehr leisten können. Unter diesem Wegzug einiger Klassen leidet die Diversität der Stadt und der Normalbürger fühlt sich vernachlässigt.[19]

So kommt es immer wieder zu Protesten oder Übergriffen gegen Mitarbeiter aus der Technologiebranche, für die beispielweise private Transportmittel kostenfrei zur Verfügung gestellt werden, die von der allgemeinen Bevölkerung allerdings nicht genutzt werden darf. Um den fortschreitenden Druck auf den Wohnungsmarkt zu mindern, wurde bereits unter der Legislatur des ehemaligen Bürgermeisters Ed Lee ein neues Städtebaukonzept vorgestellt. Somit sollen Wohnungen für 30.000 Menschen aus der mittleren Einkommensschicht entstehen und die Vergabe der Immobilien erfolgt bevorzugt an Personen, die schon lange in San Francisco leben.[20]

4. Historie & Entwicklung Wolfsburg/Volkswagen

Eine relativ junge, aber doch so bedeutende Stadt. Wolfsburg wurde vor Kriegsbeginn in der ersten Hälfte des 20. Jahrhunderts unter einem anderen Namen von den Nationalsozialisten gegründet. In der NS-Zeit war Wolfsburg als „Stadt des KdF-Wagens bei Fallersleben" (Kraft durch Freude) bekannt und trug den Namen bis Mai 1945. Anlass der Gründung war für die

---

[19] vgl. Schulz 2016
[20] vgl. Wild 2014

Mitarbeiter des Werkes Wohnung zu bauen, um die Produktion des KdF-Wagens (später VW-Käfer) voranzubringen.

Ab dem Zweiten Weltkrieg wurde der weitere Bau von Wohnungen und der Stadt gestoppt, die Fabrik umstrukturiert und die Produktion wurde eingestellt. Die Hallen dienten zur Kriegszeit als Rüstungsindustrie, in denen tausende von Zwangsarbeiter Waffen für den Krieg herstellten. Auch gefangene der KZ-Lager gehörten zu den Zwangsarbeitern und wurden zu der Produktionsstätte gebracht, um unter menschenunwürdigen Bedingung Waffen herzustellen.[21]

An Bedeutung gewann die Stadt nach dem Zweiten Weltkrieg, denn dort beschlossen die damaligen amerikanischen Besatzungsmächte nach einer Sitzung am 25. Mai 1945 der Stadt den Namen Wolfsburg zu geben, inspiriert durch das gleichnamige Schloss. Mit Neuernennung des Stadtnamens begann die Produktion des VW-Käfers und somit auch gleichzeitig das Wachstumswunder der deutschen Wirtschaft. Der VW-Käfer galt in den 1960er und 1970er Jahren als Symbol des Wirtschaftswunders in der Bundesrepublik. Durch die rasante Expansion und dem steigenden Wohlstand, welcher mit dem wirtschaftlichen Aufschwung einher ging, setzte der Ausbau der Stadt wieder ein.[22]

Der Stammsitz des heutigen weltweit führenden Automobilherstellers zählt aktuell ca. 125.000 Einwohner und gehört mittlerweile zu den reichsten Städten in ganz Deutschland.[23] Die Stadt bietet mit Volkswagen einen durchaus attraktiven Arbeitgeber, der seine Arbeiternehmer überdurchschnittlich entlohnt.

4.1 Leben in Wolfsburg – Bürgerbefragung 2015

Um einen kleinen Überblick auf die allgemeine Lebensbedingung in Wolfsburg zu schaffen, eignet sich eine repräsentative Befragung. Dazu gab es eine politisch veranlasste europaweite Studie, welche die Lebensqualität von europäischen Städten auf ungleiche Lebensverhältnisse analysierte. Diese koordinierte Bürgerbefragung mit dem Namen „Urban Audit" findet alle drei Jahre statt. Die Stadt Wolfsburg hat zum ersten Mal an der Erhebung 2015 teilgenommen. Bei der Umfrage Betrug die Mindest-Stichgröße 500 Befragte pro Stadt und es wurden 31 Fragen von der EU aufgeführt, die vier Themengebiete abdeckt. Dabei stand im

---

[21] vgl. Heryln 2000
[22] vgl. Beier 1997
[23] vgl. Mittermeier 2018

Vordergrund die Infrastruktur der Stadt, verschiedene Aspekte der Lebensqualität und die berufliche/finanzielle Situation. Durchaus interessant sind die Ergebnisse der zum Stichwort Lebensqualität. Unter diesem Gesichtspunkt wurden Fragen zur Armut, Arbeitsplätze, Wohnraum etc. gemacht.

Zum Thema Armut lässt sich in Wolfsburg eher ein positiver Trend beobachten. Die Befragten gaben zu 60% an, dass Armut kein Problem in ihrer Stadt sei und liegt somit über dem bundesweiten Vergleich, der bei 49% liegt.

Auf die Frage, ob es leicht ist eine Arbeitsstelle in Wolfsburg zu finden, liegt die Abstimmung der Wolfsburger zu 49% bei einem Ja. Die Stadt liegt somit im deutschlandweiten Durchschnitt von 47%.

Insgesamt lagen die Antworten auf die Fragen der Lebensqualität im positiven Bereich. Doch wenn es um die Aussage der Umfrage „Es ist leicht, in ihrer Stadt eine gute Wohnung zu einem vernünftigen Preis zu finden" geht, ist eine geringe Zustimmung zu erkennen. Nur 23% der teilnehmenden Städte haben der Aussage zugestimmt. Und in Wolfsburg kam es zu einer noch geringeren Zustimmung von 10%.[24] Doch was könnte die Ursache dieser unterdurchschnittlichen Einschätzung sein?

4.2 Volkswagen – Einfluss auf steigende Mietpreise?

Der Volkswagen Konzern hat sich über den Verlauf der Zeit zu einem Giganten in der Automobilbranche entwickelt. Mit über 500.000 Beschäftigten weltweit und 106 Fertigungsstätten in 27 Ländern zeichnet sich die Volkswagen AG als wichtiger Bestandteil des globalen Marktes aus.[25] Es besteht kein Zweifel das Volkswagen ein Global Player ist. Doch bringt diese Vormachtstellung auf dem Weltmarkt Konsequenzen mit sich, die sich auf steigende Mietpreise und auf das gesellschaftliche Gefüge in der Stadt Wolfsburg wiederspiegeln?

Ähnlich wie im vorangegangenen Beispiel von San Francisco erkennt man ein verstärktes Problem der Wohnungssuche in der Stadt. Doch ist der Global Player Volkswagen für diese

---

[24] vgl. koordinierte Bürgerbefragung 2015: Lebensqualität in deutschen Städten (Urban Audit)
[25] vgl. Grieger et. al. 2008

11

Entwicklung verantwortlich zu machen? Laut einer örtlichen Wirtschaftsstatistik publiziert vom Manager-Magazin, soll sich diese Annahme bestätigen. Denn durch den wirtschaftlichen Aufschwung Volkswagens und das Beschäftigungswachstum von 3% (2010-2014), soll auch das allgemeine Wirtschaftswachstum auf 9% angestiegen sein und sorge somit zu einer verstärkten Kaufkraft und Pro-Kopf-Einkommen der Einwohner.[26]

Andererseits äußert sich Oberbürgermeister Klaus Mohrs gegenüber dem Magazin Hallowochende zu dieser Thematik und sagt, dass die allgemeinen Wohnpreise der Stadt sich im moderaten Bereich halte. Zudem soll eine weitere Analyse in Wolfsburg durchgeführt wurden sein, indem die Wohnungen der Immobilienunternehmen Allertal, Neuland und VW-Immobilien geprüft worden. Das Ergebnis repräsentiere 60% aller Wohnungen der Stadt und habe gezeigt, dass es durchaus Mietpreise in der mittleren Preiskategorie geben soll. (Wolfsburg: Gesellschaften halten Mieten auf gutem Niveau, 2017).

4.3 VW-Mitarbeiter vs. Nicht-VW-Mitarbeiter - soziale Ungleichheit?

Zu diesem Punkt habe ich eine eigene willkürliche Stichprobe in Form einer Online- Umfrage durchgeführt. Aufgrund des Umfangs und der Stichprobenart sind die Information der erhobenen Daten selbstverständlich nicht als repräsentativ zu betrachten und soll nur eine Tendenz aufzeigen.

Was ist soziale Ungleichheit? Laut Hradil liegt *„soziale Ungleichheit dann vor, wenn Menschen aufgrund ihrer Stellung in sozialen Beziehungsgefügen von den wertvollen und begehrten Gütern einer Gesellschaft (Einfluss, Wohlstand, Ansehen, Gesundheit, Sicherheit/sichere Anstellung, Integration, Autonomie und gesunde Umwelt) regelmäßig mehr als andere erhalten. Sprich es gibt eine ungleiche Verteilung begehrter Güter."*[27]

In Bezug auf die Online-Umfrage soll aus der Perspektive zweier Parteien (VW-Arbeiter vs. Nicht-VW-Mitarbeiter) das subjektive Empfinden von Ungleichheit der Befragten aufgezeigt werden. Es gab insgesamt 23 Teilnehmer davon waren 43,5% VW-Arbeiter und die anderen 56,5% Nicht-VW-Arbeiter und Studenten. Auffallend in dieser Mini-Umfrage war, dass bei der Frage: „Denken sie VW-Arbeiter werden bevorzugt behandelt" die Mehrheit (52,2%) die

---

[26] vgl. Rottwillm 2015
[27] Hradil 2001, S. 30

Frage mit Ja beantwortet haben. Es wurden Begründung wie z.b.: „*Durch höheres Einkommen gibt's bessere Möglichkeiten und man hat verschiedene Vorteile und Rabatte zusätzlich dazu*" oder auch die erleichterte Wohnungssuche zum Vorteil der VW-Arbeit genannt. Durchaus haben Angestellte des Konzerns eine privilegierte Stellung, wenn es um Vergünstigung von Freizeitaktivitäten, Parkausweise, Leasing-Angebote, öffentliche Verkehrsangebot geht, denn 56,5% der Befragten haben angegeben, dass sie Nachlässe bei Freizeitangeboten bekommen.

Des Weiteren erkenne man auch mit der Aussage: „*Im Vergleich zu anderen Studenten an anderen Unis, können wir in den Ferien mehr verdienen*", dass auch die Wolfsburger Studenten durch Volkswagen profitieren und somit subjektiv empfundene ungleiche Einkommenschancen zwischen Studierenden entstehe, sodass durch eine Stelle bei VW man mehr verdienen könne, als andere Ferienjobber in anderen Betrieben. Natürlich sind auch Studenten von außerhalb dazu berechtigt bei Volkswagen ein Ferienjob zu tätigen, jedoch ist das mit einem Kostenaufwand verbunden, der sich durch die Strecke zur Arbeit oder der Suche nach eine Unterkunft nicht lohnen würde und somit die in Wolfsburg und Umgebung lebenden Studierenden durch die räumliche Nähe zum Werk diese Möglichkeit besser nutzen können.[28]

Schlussfolgernd lässt sich durchaus ein subjektives Ungleichheitsgefühl im Rahmen dieser kleinen Umfrage gegenüber den VW-Arbeitern hinsichtlich der Nutzung von Möglichkeiten erkennen.

5. Gewinner und Verlierer bei der Stadtentwicklung

Im Laufe dieser Seminararbeit wurden verschiedene Entwicklungsstufen zweier Städte im Bezug ihrer historischen, wirtschaftlichen und gesellschaftlichen Entwicklung aus verschiedenen Perspektiven beleuchtet. Wurde dabei ein klarer Gewinner oder Verlierer bei der Stadtentwicklung ersichtlich?

Die Städteentwicklung ist ein ambivalenter Prozess: Zu den eindeutigen Gewinnern dieser Fallbeispiele gehören allgemein die global agierenden Unternehmen und die qualifizierten Fachkräfte der oberen Mittelschicht. Mit der stetig fortschreitenden Technologie wächst auch der Anspruch und somit auch der Bedarf an qualifiziertem Personal. Durch die Digitalisierung

---

[28] vgl. eigene Online-Umfrage

und geschaffene Kommunikations- und Vernetzungsmöglichkeiten werden Rekrutierungsprozesse beschleunigt und somit auch schnelles Wachstum erzeugt. Diese „höher, schneller, weiter"-Mentalität führt jedoch innerhalb einer wachsenden Stadt, wie San Francisco oder Wolfsburg, zu Gentrifizierungs- und Segregationsprozesse, die als Begleiterscheinung dem Wachstum gegenüberstehen.

Diese Phänomene der Gentrifizierung und Segregation werden im öffentlichen Diskurs der beiden Städte mit dem Wohnungsmarkt und dem sozialen Status assoziiert. Steigende Mietpreise sorgen für eine ungleiche Verteilung des Wohnungsangebots. Menschen aus der unteren Einkommensschicht sind nicht mehr in der Lage diesen Preisen nachzukommen und sind oftmals gezwungen aufgrund der Gegebenheiten, unfreiwillig die Stadt zu verlassen. Und durch den Zustrom von statushöheren und besserqualifizierten Mitarbeitern, die zusätzlich eine privilegierte Stellung (z.B. Rabatte für Freizeitaktivitäten) erhalten, kommt es zu sozialen Ausgrenzungserscheinungen. Demzufolge ist der Verlierer in dieser Beobachtung klar der niedrigqualifizierte und zugleich Nicht-Mitarbeiter von den Großunternehmen.

Alles in allem ist jedoch fraglich, ob diese Beobachtung von Problemfällen wie der Gentrifizierung ein universelles Problem in wachsenden Städten darstellt oder auch in nichtwachsenden Städten ähnliche Phänomene vorliegen.

6. Literaturverzeichnis

Adams/ Peter/ Michael D.Hurd/ Daniel, Mcfadden/ Angela/ Merrill/ Tiago Riberiro (2003), Healthy,wealthy and wise? Tests for direct causal paths, between health an socioeconomic status, Journal of Economics, 2003, S. 3-56.

Blume, Helmut (1988): USA – Eine Geographische Landeskunde II: Die Regionen der USA. (2. Auflage). (Wissenschaftliche Länderkunden Band 9).

Chase, H. W./Cochran, T. C./Cooke, J. E./Daly, R. W./Garret, W./Multhauf, R.P. (Hrsg.) (1976): Dictionary of American History

Glass,Ruth 1964,: Aspect of change, London

Globalisierung Fakten, Vorteile der Globalisierung o. J.: Zugriff am 12.08.2018 unter: https://www.globalisierung-fakten.de/globalisierung-informationen/gruende/unternehmen-global-player/

Godfrey, Brian. J (1997).: Urban Development and Redevelopment in San Francisco. In: The Geographical Review

Grieger, Manfred/ Gutzmann, Ulrike/ Schlinkert, Dirk (Hrsg.), 2008: VW-Chronik – Der Weg zum Global Player, Wolfsburg

Herlyn, Ulfert Wulf Tessin 2000 : *Faszination Wolfsburg 1938–2000*

Hradil, Stefan 2001: Soziale Ungleichheit in Deutschland, S. 30

Hübinger,Werner 1996: Prekärer Wohlstand. Neue Befunde zu Armut und sozialer Ungleichheit

JOHNSON, Thomas (1966): The Oxford Companion to American History.
Koordinierte Bürgerbefragung 2015: Lebensqualität in deutschen Städten IFAK Institut GmbH & Co. KG, 2015

Kratz, Carsten/ Gerbert, Philipp/ Beal, Douglas/ Enrique Rueda- Sabater,2013: Wohlstand und Lebensqualität – Deutschland im internationalen Vergleich, München

Leibfried, Stephan / Vorges, Wolfgang (Hrsg.) 1992: Armut im modernen Wohlfahrtsstaat. Kölner Zeitschrift für Soziologie und Sozialpsychologie

Lexikon, Armut o.J.: Zugriff am 2.09.2018 unter: https://www.wissen.de/lexikon/armut

Löw, Martina /Steets, Silke/Stoetzer, Sergej, 2008, Einführung in die Stadt- und Raumsoziologie

Mittermeier, Alexander 2018: Die Top 10 der Autohersteller – deutsch Konzerne auf dem Vormarsch. Gevestor.de. Zugriff am 24.08. 2018 unter https://www.gevestor.de/details/die-top-10-der-autohersteller-deutsche-konzerne-auf-dem-vormarsch-712706.html

Mückenberger, Ulrich 2002: Der Globale Player und das Territorium, S. 7

Popp,Silvia 2014: Die neue globale Mittelschicht. bpb.de. Zugriff am 15.08.2018 unter http://www.bpb.de/apuz/196711/die-neue-globale-mittelschicht?p=all

Müller, Anna-Lisa, 2011: Die Stadt im Blick der Soziologie. soziologieblog.hypotheses.org. Zugriff am 22.08.2018

Rosmarie Beier 1997 (Hrsg.): *Aufbau West, Aufbau Ost. Die Planstädte Wolfsburg und Eisenhüttenstadt in der Nachkriegszeit.*

Rottwillm, Cristoph 2015: Wie Volkwagen in Wolfsburg die Mieten explodieren lässt. Manager-magazin.de. Zugriff am 8.09.2018 unter http://www.manager-magazin.de/immobilien/artikel/volkswagen-laesst-in-wolfsburg-die-wohnungsmieten-explodieren-a-1053151.html

Spellerberg, Anette 2004: „Bevorzugte Quartiere von Lebensstilgruppen." Vhw-Forum Wohneigentum 1

Schulte, Martin/ Butzmann, Elias, 2010, Messung von Wohlstand: Ein Überblick über verschiedene Verfahren, Bonn

Schulz, Thomas 2016: Absturz vor den Augen. Spiegel.de. Zugriff am 20.08.2018 unter http://www.spiegel.de/spiegel/usa-kluft-zwischen-arm-und-reich-wird-tiefer-und-tiefer-a-1120075.html

Was ist eigentlich Gentrifizierung. (Difu-Berichte 2011, April). Abgerufen von: https://difu.de/publikationen/difu-berichte-42011/was-ist-eigentlich-gentrifizierung.html

Wild, Beate 2014: Dotcom- Dekadenz. Tagesspiegel.de. Zugriff am 21.08.2018 unter https://www.tagesspiegel.de/medien/tech-gentrifizierung-in-san-francisco-dotcom-dekadenz/10222552.html

Eigene Online Umfrage, 2018: Umfrage – Leben in Wolfsburg. my.survio.com.

BEI GRIN MACHT SICH IHR WISSEN BEZAHLT

- Wir veröffentlichen Ihre Hausarbeit,
  Bachelor- und Masterarbeit

- Ihr eigenes eBook und Buch -
  weltweit in allen wichtigen Shops

- Verdienen Sie an jedem Verkauf

Jetzt bei www.GRIN.com hochladen und kostenlos publizieren